AF476558

UN RIVERAIN

AUX ADVERSAIRES DU DESSÉCHEMENT.

UN RIVERAIN

DE

GRAND-LIEU

AUX ADVERSAIRES

DU DESSÉCHEMENT.

Cecy est livre de bonne foy.
MONTAIGNE.

NANTES, 4 MAI 1860.

Cecy est livre de bonne foy.
MONTAIGNE.

Oui, nous pouvons le déclarer, cette brochure est une œuvre de conscience et non d'intérêt.

Spectateur impartial du duel engagé sous nos yeux par les adversaires du desséchement du lac de Grand-Lieu contre les partisans de ce desséchement, nous n'aurions pas pris part à ce débat si un écrivain anonyme n'avait cru devoir se ranger à côté des premiers et employer contre les seconds des armes perfides mais heureusement faciles à retourner contre ceux dont il s'est fait l'avocat.

La question était posée devant l'opinion publique sur le terrain élevé de la science ; une commission d'enquête était nommée; des hommes compétents allaient émettre leurs opinions ; il était naturel d'attendre que la commission se prononçât avant de faire un appel à la passion, qui aurait toujours eu le temps de se manifester dans le cas où le vœu de la commission n'eût pas été d'accord avec la justice et la raison.

Les intérêts généraux ou privés, se prétendant menacés par le projet de dessèchement, devaient soumettre au grand jour de l'enquête leurs moyens de défense ; toute leur force eût consisté dans leur calme.

Celui-là qui a pris la plume pour résumer les arguments de leurs défenseurs a rendu un bien mauvais service à leur cause ; car il a prouvé qu'ils manquent de calme, et presque toujours manquer de calme, c'est faire entrevoir qu'on manque de droit.

Les personnes qui se sont chargées de plaider sur le terrain de la science devant l'opinion publique, devant la commission d'enquête et devant les hommes compétents, la cause du dessèchement, n'auront garde, nous en sommes sûr, de commettre une faute aussi grande : ils ne répondront pas à la brochure anonyme.

Il faut qu'une cause soit bien mauvaise, pour qu'on fasse tant de bruit, tant d'agitation autour d'elle: quand on a pour soi la justice et la vérité, on attend avec confiance la décision des juges.

Nous répondrons, nous, à l'auteur de la brochure anonyme, et nous le ferons sans passion; car nous n'avons d'autre intérêt que l'intérêt général, d'autres vues que le bien public.

Le calme est le signe du droit.

La passion est celui de la crainte intéressée.

Il y a une crainte intéressée derrière la brochure anonyme.

Eh bien! cette crainte a aveuglé l'écrivain ; elle l'a fait tomber dans des exagérations impardonnables, dans des erreurs grossières; on sent à chaque page qu'elle le poursuit, et que, pour s'y soustraire, il a recours au moyen des faibles : il crie bien haut!

Nous allons le suivre pas à pas, de paragraphe en paragraphe ; nous ferons voir cette terreur intéressée et nous montrerons à ceux qui, comme nous, jugent impartialement la question, comment elle se trahit à force de vouloir se cacher.

Nous ne l'aurions pas fait si la question ne s'élevait pour nous bien au-dessus du terrain des intérêts privés où l'auteur anonyme prétend la maintenir.

Mais la question s'élève jusqu'au terrain des intérêts généraux. — Si le Lac appartenait à l'État, l'État se hâterait de faire ce que veut faire la famille de Juigné ; c'est là notre opinion et voilà pourquoi nous prenons la plume.

I.

Puisque l'auteur anonyme de la brochure commence par dire que M. Eon Duval, *homme hautement compétent,* s'est chargé de développer les objections soulevées par le projet de M. Mille, *dans un travail écrit avec une rare lucidité et une grande force de science, de bon sens et de raison ;* puisqu'il reconnaît que M. Eon Duval est, par sa position, mieux à même que personne de trancher la question, nous commencerons, nous, par demander pourquoi il a commis la maladresse de parler après lui. De deux choses l'une : ou il reconnaît l'autorité qu'il invoque quand il la déclare incontestable, et, dans ce cas, il n'ajoute rien ; ou il trouve une façon cruelle de la railler en prétendant parler à son tour.

C'est que la sincérité de M. Eon Duval, qui suffirait à un homme désintéressé, ne peut suffire à l'auteur anonyme.

Il est vrai que l'auteur anonyme *ne croit pas inopportun d'ajouter quelques considérations personnelles* à celles de M. Eon Duval. — *Elles contribueront à éclairer davantage le grand procès engagé dans la question par l'intérêt privé contre l'intérêt général.*

Voyez quel empressement il met à établir qu'il représente la cause de tous contre celle de quelqu'un. Nous allons bien voir si cela est vrai, aux arguments employés. Du reste, *ses considérations n'auront pas un caractère scientifique* ; il nous le promet : cela nous tranquillise.

Que n'étiez-vous sincère ; que ne parliez-vous au nom du Syndicat de Buzay, que vous représentez, et non à celui des populations qui ont leurs représentants légaux?

Le projet est un outrage au droit des riverains ; une atteinte à leur propriété, un danger des plus grands pour leur état sanitaire, la menace enfin la plus directe à leurs intérêts les plus chers. Et ils se félicitent que la question ait été de nouveau soulevée, dans la certitude où ils sont que les dessécheurs, *mis en déroute dans cette suprême rencontre*, n'oseront plus revenir à la charge.

Sans doute l'auteur anonyme va nous dire quel droit on outrage, quelle propriété on menace, quels intérêts on lèse ; c'est le seul moyen de rendre fatale aux dessécheurs la suprême rencontre et de les empêcher de relever jamais la tête.

Hâtons-nous donc de suivre l'auteur anonyme dans ses développements, et espérons que, plus heureux que nous ne l'avons été jusqu'ici, nous rencontrerons des idées et non des mots, des faits et non des fleurs de rhétorique.

N'oubliez pas que vous prétendez représenter les populations riveraines ; qu'elles sont simples ; qu'elles sont armées de gros bon sens, et qu'assurément, en vous confiant leur mandat, elle vous ont parlé ce langage sans détours ni circonlocutions qui fait la force du paysan et prouve sa loyauté.

II.

Le bassin du lac de Grand-Lieu se compose, dit l'auteur anonyme, *de deux parties distinctes : le lac proprement dit, contenant environ trois mille six cents hectares et appartenant à M. de Juigné ; les marais et prairies, d'une étendue de quatre mille hectares, situés sur les bords du lac et de ses affluents, un peu plus élevés que le lac lui-même et appartenant aux propriétaires riverains.— Ces marais ont été desséchés par une compagnie, qui, constituée en 1713, a pris plus tard le titre de Société du Canal de Buzay, a été réglementée par ordonnance royale du 28 septembre 1830 et se trouve héréditairement composée de tous les propriétaires riverains du lac et des rivières affluentes.*

C'est l'exacte vérité ; et, il y a mieux, c'est dans cette dualité de possession que se trouve le secret de la résistance actuelle.

Si le lac appartenait à la Société de Buzay, que ferait-elle du lac ?

Elle a répondu en desséchant les marais de l'Acheneau.

Oui : mais le lac n'est pas à elle ; mais le desséchement du lac empêche l'agriculture de rester tributaire de la Société de Buzay, qui, possédant seule des marais dans le pays , vend leurs produits ce que bon lui semble.

Mais malheureusement pour elle son existence même est un plaidoyer en faveur du desséchement, et toute polémique devient inutile du moment où un desséchement partiel ayant eu lieu, il n'a occasionné aucun des malheurs dont on menace les populations.

Malheureusement pour elle aussi le desséchement qui lui vaut les marais, s'est fait dans de telles conditions qu'il réunirait à lui seul tous les inconvénients que les desséchements les plus dangereux peuvent présenter, si ces inconvénients étaient possibles dans le cas qui nous occupe.

Malheureusement enfin, c'est encore à la Société de Buzay que sont dues les plus éclatantes raisons qui militent pour le desséchement du lac en faveur de la navigation.

Deux rivières et non trois ont leur embouchure dans le lac : la Boulogne et l'Ognon.

Dans les crues, le Tenu et l'Acheneau y déversent également leurs eaux; mais c'est là le fait anormal que l'auteur du projet supprime; car évidemment l'Acheneau est destiné par la nature à conduire les eaux au fleuve.

S'il ne remplit pas ce but au commencement des crues, c'est que le canal de Buzay est insuffisant.

Il tombe donc sous le sens que la création d'un débouché doit être accueilli avec reconnaissance par les propriétaires même du canal; la voie du Migron ouverte, c'est la difficulté vaincue, c'est la navigation rendue possible en tout temps, ce sont les inondations conjurées.

Mais, hélas! c'est trois mille six cents hectares de prairies créées.

Fatales prairies!

Aussi la situation devient-elle de suite claire et nette pour l'auteur anonyme :

D'un côté, de braves gens qui jouissent en paix d'une propriété au moyen de laquelle ils exercent un monopole onéreux pour tous;

De l'autre, des spéculateurs sans vergogne qui,

sans toucher à cette propriété, en la sauvegardant, au contraire, ont l'audace criminelle de songer au bien général.

Voilà ce que signifient clairement vos circonlocutions.

C'est cynique !

Pour nous, voici la situation et nous défions qui que ce soit de nous démentir :

D'un côté, une Société jalouse de ses droits, peu soucieuse de ses engagements, sacrifiant tout à ses intérêts ;

De l'autre, une famille de propriétaires reconnaissant que les travaux de desséchement entrepris pas les fondateurs de cette Société, ont répandu d'immenses bienfaits, et voulant poursuivre ces travaux, en les entourant de toutes les garanties possibles.

D'un côté, une Société qui veut avoir le privilége du desséchement qui assainit ;

De l'autre, une famille qui veut que l'assainissement ne soit un privilége pour personne.

Nous sommes tenté de ne pas continuer d'écrire, tant il nous semble que ce simple exposé de la vérité suffit à faire bonne justice de l'auteur anonyme.

Les intérêts privés n'ont pas même pris dans ce cas le soin de déguiser leurs prétentions.

Ils n'ont pas même eu le soin de veiller à ce qu'on ne puisse pas les accuser de n'avoir rempli aucun des engagements qu'ils avaient pris envers le public.

L'entretien de la navigation était un de ces engagements, et une récente décision ministérielle prouve qu'il n'est tenu qu'imparfaitement.

Cinquante centimètres sur un niveau d'eau peu élevé, voilà de ces erreurs *involontaires* que commet le Président de la Société de Buzay.

L'auteur anonyme cherche à justifier l'intervention du Syndicat; nous la déclarons inhabile tout d'abord, pour ne pas la qualifier plus sévèrement ensuite.

Ou alors, qu'on donne franchement à cette intervention son véritable caractère ; qu'on mette des intérêts en face d'autres intérêts : il y a des tribunaux civils pour prononcer; mais qu'on n'agite pas l'opinion publique pour la conservation d'un monopole que nul n'avait le droit de garantir et qui devait disparaître à mesure que grandirait la civilisation.

Il n'est pas permis à M. de Juigné, dit l'auteur anonyme, *de détourner les eaux pour les rejeter sur les propriétés riveraines, et d'inonder durant l'hiver une contrée qui s'est, par un travail pénible et coûteux, affranchie de toutes préoccupations et de toutes craintes à cet égard.*

Nous demandons pardon à nos lecteurs des répétitions nombreuses, des redites auxquelles nous serons obligé de nous livrer dans le cours de cette brochure, pour combattre celle de notre adversaire.

Sans cesse il reviendra sur ce sujet; sans cesse il accusera le projet de M. Mille d'avoir pour but d'inonder les propriétés riveraines affranchies, affirmera-t-il, de toutes craintes à cet égard.

Sans cesse nous lui répondrons que c'est précisément tout le contraire de ce qu'il dit qui est la vérité.

Une visite au lac en ce moment montrera les propriétés riveraines inondées; un coup d'œil sur le projet démontrera que tous les riverains sont à jamais sauvegardés contre la fréquence et la durée des inondations par l'exécution du desséchement.

C'est une malheureuse et pénible tâche que celle de l'anonyme, obligé qu'il est de s'entendre redire à tout propos: deux et deux font quatre, et non pas six, comme il l'affirme.

Toujours aussi les populations riveraines seront mises en avant; les populations riveraines, qui ont tant à gagner au desséchement, qui le savent, qui le disent, seront invoquées contre lui.

Mais si vous étiez parvenu à les abuser, oubliez-vous qu'on n'a pas voix contre soi-même, et que nul homme ne serait écouté s'il lui prenait fantaisie de préconiser la famine ?

Vous n'êtes pas les populations riveraines ; vous êtes l'écho des intérêts du Syndicat.

Soyons francs.

Et la preuve c'est qu'en présence même d'un contre-projet signé de M. Eon Duval et devant par conséquent vous offrir les garanties que vous réclamez, on voit le Syndicat s'indigner comme vous.

Pas de desséchement ! Pas de prairies !

A moins que ce ne soit *très-subsidiairement*. — Que n'ajoutiez-vous : *et soumis par la force.*

Très-subsidiairement doit beaucoup flatter M. Eon Duval.

III.

L'auteur anonyme, qui nous a promis des considérations étrangères à la science, juge à propos de rappeler à ses lecteurs la tradition légendaire qui veut qu'à la place occupée par le lac de Grand-Lieu ait existé autrefois la cité d'Herbauges, cette autre Sodome condamnée par saint Martin à disparaître ensevelie sous les eaux.

Mais, enfreignant pour la première fois sa promesse, il se hâte de convenir que l'existence du lac est due plus vraisemblablement à un affaissement de terrain analogue à ceux qui ont produit les lacs des côtes de Lincoln.

Tout cela n'est guère utile au débat. A quoi

bon réveiller la légende pour la souffletter d'un doute ? A quoi bon copier une ligne de géographie quand on a pris l'engagement de faire preuve de bon sens et non de science ?

En tout cas, continue notre adversaire devenu géographe, *le lac est formé dans une dépression sensible de gneiss, et il semble le réservoir naturel, le modérateur indispensable et comme providentiellement établi de trois rivières dont les eaux, souvent torrentielles, veulent être recueillies pour être ensuite évacuées vers la Loire.*

Que dire de ces eaux qui *veulent* être recueillies, si ce n'est qu'elles sont pleines de complaisance et qu'il serait vraiment dommage de mécontenter des eaux d'une nature aussi volontaire ?

Le lac, poursuit-il, *était autrefois entouré de marais que ses débordements fréquents entretenaient, mais que l'industrie a desséchés, autant pour assainir la contrée que pour conquérir à l'agriculture de vastes terrains autrefois fangeux et improductifs.*

Ainsi donc, de votre aveu, gloire à l'industrie qui dessèche, parce qu'en desséchant elle assainit, parce qu'en desséchant elle conquiert à l'agriculture de vastes terrains.

Mais que veut la famille de Juigné, sinon se servir de cette industrie ?

Les dessèchements passés ont assaini, et vous voulez en conclure que les dessèchements futurs empoisonneront ? Les dessèchements passés ont enrichi, et vous en déduisez que les dessèchements futurs appauvriront ?

Quelle logique obéissante avez-vous donc à vos ordres ?

C'est que, suivant vous, *le dessèchement* d'autrefois *a été combiné avec un système d'écoulement des eaux du lac et de ses affluents, qui, en maintenant le niveau nécessaire à la navigation, met cependant le pays à l'abri de toute inondation sérieuse et durable*. Cela fût-il vrai, serait-ce une raison pour qu'un dessèchement nouveau nuisît à ces résultats ; mais cela n'est pas vrai, et le dessèchement nouveau n'a d'autre but que d'obtenir qu'il en soit ainsi. Aujourd'hui la navigation est imparfaite toujours, souvent impossible ; quant aux inondations *sérieuses et durables*, elles se renouvellent périodiquement. Le but du projet est d'améliorer la navigation et de diminuer l'intensité et la durée des inondations.

C'est là la vraie situation.

Le travail de M. Mille, ingénieur en chef des ponts-et-chaussées, apportera certes un trouble quelconque dans le régime séculairement établi ; mais ce trouble consistera dans la conquête des avantages que votre imagination s'obstine à attribuer au lac lui-même; loin de justifier vos terreurs folles, il rendra impossible les inquiétudes que vous ne manquez pas de ressentir à certaines époques de l'année, si vous êtes réellement un riverain.

Vous n'admettez de desséchement possible que celui des lacs artificiels; mais les lacs artificiels sont justement ceux qu'on ne dessèche pas; ils ne sont pas créés pour cela.

Quant aux lacs de formation naturelle, on les dessèche en vertu du droit que le génie humain a de remplacer les forêts vierges par des contrées fertiles, de conquérir des fleuves sur eux-mêmes, de porter partout la civilisation et la lumière.

Si votre raisonnement soutenait un instant la discussion, c'eût été un crime à nos aïeux d'avoir fait, au prix d'un travail de vingt siècles, cette France magnifique, que nous voulons enrichir encore, avec cette vieille Gaule celtique dont les forêts eussent été inviolables.

La témérité des dessécheurs n'a ruiné personne à Grand-Lieu, malgré vos assertions. La compagnie à laquelle vous faites allusion avait à peine commencé des travaux sur le lac, quand une catastrophe étrangère à ses projets sur lui, vint la frapper.

Les éventualités redoutables résultent de l'envasement, chaque année plus grave ; c'est cet envasement qui menace votre contrée *bien portante* d'une pestilence funeste, et qui vous obligerait tôt ou tard à réclamer instamment ce que vous repoussez aujourd'hui.

Quel est ce système nouveau de bascule terrestre en vertu duquel les terrains s'enfoncent ou surgissent comme par enchantement ? Est-ce parce que vous nous avez promis de ne pas être savant que vous vous croyez obligé d'être fantaisiste ? Vous faites relever les terrains du lac, le Syndicat les fait baisser d'un mètre ; mettez-vous donc d'accord.

Pourquoi aussi vous entêter à établir que le projet de M. Mille tend à déverser sur les marais actuels l'eau du lac, lorsqu'au contraire vous savez que ce projet tend à améliorer l'état des marais, en les débarrassant promptement des eaux ?

Vous demandez ensuite qui sera assez hardi pour se croire autorisé à déclarer si le lac *est le produit d'un événement mystérieux déterminé par une nécessité locale, ou un accident pur, sans influence sur le régime de la contrée qui l'environne, et par conséquent susceptible d'être desséché sans préoccupation comme sans inconvénients?* Mais c'est le Syndicat de Buzay qui a eu cette hardiesse le premier, par le fait seul de sa constitution, et qui a fait sagement de l'avoir.

Ce qu'il a tenté partiellement, il s'agit de le poursuivre complétement. On suit l'exemple que vous avez donné; on veut conquérir de la terre sur les eaux, et c'est à vous les derniers qu'il appartient de le défendre. Mais cette défense vous la formulez cependant, et cela en vertu d'une *théorie des lacs* que nous ignorions et qui parle de *dangereuses aventures* à affronter, dans le cas où l'on s'obstinerait à marcher sur les traces du Syndicat de Buzay.

Nous vous donnerons raison peut-être quand vous reprocherez à l'auteur du projet d'avoir assimilé le desséchement de Grand-Lieu à celui de la mer de Haarlem. En effet, l'assimilation n'est pas possible, et, en l'établissant, les dessécheurs ont voulu sans doute se donner un mérite qu'il n'auront pas. Autre chose est lutter contre la mer *en débauche*, — dirais-je pour me servir d'une de vos expressions que j'affectionne, — et lutter contre les eaux ordinaires. Autre chose est chasser devant soi des flots qui ont, de votre aveu, submergé soixante-douze villages, et créer un chemin à des ondes qui n'ont encore submergé aucun hameau. Cependant, le miracle s'est opéré à Haarlem : la mer a été contrainte de se retirer devant les hommes ; la nécessité fatale a été vaincue ; la Hollande existe. Non, l'assimilation n'est pas possible. Il s'agissait là d'un miracle. Il s'agit ici d'une belle œuvre.

Il n'y a ni ressemblance, ni analogie :

Vous avez raison.

IV.

Dans votre chapitre quatre, vous abordez un côté de la question qu'il n'appartient encore à personne d'aborder. Le point de vue financier ne regarde pas même l'auteur anonyme, tant qu'on n'aura point fait appel aux capitaux et tant surtout qu'on ignorera dans quelle forme cet appel pourra être fait.

En abordant ce côté de la question, M. Mille a fait preuve de bonne foi; car il aurait pu ne pas l'aborder du tout. Nous nous croyons indiscrets en vous suivant sur ce terrain; mais nous ne reculerons pas devant une indiscrétion pour vous prouver que, là encore, la passion vous a rendu maladroit.

Vous accusez vos adversaires de spéculation, et vous cherchez tous les moyens possibles de prouver que leur projet les conduit à la ruine.

Votre intention est palpable.

Doutant de votre droit, doutant du poids des arguments de M. Eon Duval, doutant de l'appui même des populations riveraines au nom desquelles vous parlez, vous entendez déjà sonner l'heure de la décision ministérielle, et vous voulez tuer l'affaire comme affaire après avoir vainement essayé de la tuer comme projet d'utilité publique.

Le procédé n'est pas loyal.

Vous n'arriverez pas à vos fins.

Lorsqu'en mil huit cent quarante-huit, les auteurs de l'un des projets de dessèchement demandaient au gouvernement l'autorisation de dessécher, ils évaluaient, il est vrai, la dépense totale des travaux projetés à quinze cent mille francs, soit environ quatre cents francs par hectare.

Vous en profitez pour arguer d'une contradiction flagrante avec l'évaluation actuelle, portant le chiffre de la dépense totale à trois millions, soit environ huit cents francs par hectare.

Mais vous n'avez pas réfléchi à une chose : c'est qu'en mil huit cent quarante-huit il n'était question que des canaux, nullement de l'aménagement intérieur, et qu'en mil huit cent soixante, cet aménagement est compris dans l'évaluation ainsi que les autres dépenses de toute nature.

Du reste, ce chiffre de trois millions personne ne le cache; nous ne trouvons trace nulle part de cette atténuation des dépenses dont parle l'auteur anonyme.

Il ne vous suffit pas d'avoir essayé de tourner contre eux la déclaration spontanée de vos adversaires dont vous n'osez condamner le chiffre; vous tâchez d'insinuer que ce chiffre sera augmenté, et cela justement en vertu d'une assimilation que vous déclariez tout-à-l'heure impossible, et qui l'est, en effet, sous le côté financier comme sous le côté physique.

Les lacs dont vous parlez, n'étaient dans aucune des conditions que réunit celui de Grand-Lieu. Apprenez, si vous l'ignorez, que les terres du Zuid-Plaas sont à six mètres au-dessous du niveau des eaux extérieures, qu'il faut élever les eaux du polder de six mètres soixante-quatre centimètres, tandis que les terres de Grand-Lieu sont à peine à un mètre en moyenne au-dessous du niveau des eaux extérieures. Les avantages économiques sont donc tous en faveur du lac de Grand-Lieu.

Quant à l'évaluation des sommes annuelles qui devront être affectées à l'entretien permanent des digues, à l'épuisement continu du polder, aux réparations de l'avenir, est-il jamais venu à personne la pensée de les faire entrer en ligne de compte dans une affaire de cette nature? Un impôt de desséchement dont nous allons avoir occasion d'apprécier la nature, subvient à tous ces frais, et le Syndicat de Buzay lui-même, dont vous prenez si chaudement les intérêts que parfois vous ne faites plus qu'un avec lui, n'a point songé, lors de sa création, à tenir compte de ces frais annuels qu'il couvre par l'impôt habituel.

Vous avez grossi le chiffre des dépenses par insinuation; vous allez recourir au même moyen pour diminuer celui des produits de l'opération. Vous remontez à mil huit cent quarante-deux, et non plus à mil huit cent quarante-huit, pour trouver une évaluation de l'hectare de prairie et vous vous écriez triomphalement qu'au prix de mille francs, indiqué alors, l'opération rapportera à peine de quoi couvrir les déboursés; car sur les trois mille six cents hectares couverts par le lac on ne peut compter que sur une conquête de trois mille.

A quoi bon remonter si haut, quand vous avez si près de vous des points de comparaison? Les marais du Syndicat de Buzay ne valent-ils pas, en ce moment, au moins deux mille cinq cents francs l'hectare? Or, nous croyons, pour certaines causes faciles à expliquer, que les prairies provenant du dessèchement du lac auront une valeur plus élevée ; mais, en ne revendiquant pour elles que le bénéfice de l'égalité qui leur est au moins acquis pour tout homme sensé, on trouve que l'opération produit plus de sept millions, soit quatre millions de bénéfice ; et les dessécheurs sont les premiers à mettre hors de compte six cents hectares, qui, en aucun cas, ne peuvent être perdus, mais dont le produit viendra en dégrèvement des frais imprévus.

Est-ce donc là une affaire de nature à effrayer les capitaux? Et qu'a donc d'extraordinaire la répartition des charges?

Ce que veut le projet, c'est que, simultanément avec les dessécheurs du lac, l'Etat et le Syndicat de Buzay exécutent les travaux nécessaires à l'ensemble de l'œuvre ; que chacun travaille pour soi et chez soi.

Et, il faut le dire ici, que ce qui sera de la part de l'Etat un service rendu au pays, n'est de la part du Syndicat de Buzay que l'exécution d'un devoir qu'il néglige de remplir depuis trop longtemps.

Le canal du Migron, que l'Etat exécutera, portera la richesse sur ses deux rives ; l'amélioration de la navigation de l'Acheneau aura le même résultat, avec cette différence qu'elle est obligatoire pour le Syndicat sans qu'aucune prétention ait besoin de s'élever.

A tout prix il vous faut diminuer l'importance des produits.

Le desséchement opéré, il faut creuser les rigoles destinées à faire arriver l'eau sourceuse du polder à la machine d'épuisement, celles qui doivent recueillir et les eaux pluviales et les eaux provenant des accidents extérieurs, celles enfin qui partageront les terrains et diviseront les exploitations. Cette opération du parcellement exige beaucoup de soins et des frais très-lourds, dont on pourra facilement se former une idée si l'on considère qu'on doit ordinairement employer environ la dixième partie des terres desséchées pour le creusement des fossés, afin de leur donner une capacité suffisante pour recevoir les eaux du polder.

Eh bien! vous vous trompez encore, ou vous avez sciemment recours à l'erreur pour jeter d'avance de la déconsidération sur l'affaire.

Ce n'est pas la dixième, mais la trentième-sixième partie des terres desséchées qu'il faut appliquer aux diverses opérations que vous énumérez complaisamment.

A Haarlem, en y ajoutant les routes et les canaux, c'est à un vingt-deuxième seulement qu'a été évaluée la perte de terrain.

Mais à quoi bon vous citer des chiffres précis, lorsque vous en entassez si facilement et si légèrement d'erronés ?

Tout ce que vous dites relativement aux prestations en nature et à la contribution spéciale de la Hollande est dénué de fondement. Cependant vous citez des chiffres. Où les avez-vous pris ?

Nous savons qu'à Haarlem l'impôt de desséchement est de 20 fr. par hectare, plus 1 fr. 50 pour l'administration du Rhin-Land ; nous savons aussi que, d'autre part, cet impôt exempte pour vingt ans de tout autre, ce qui rend la condition de celui qui le supporte bien préférable à celle de ceux qui ne jouissent point de ses avantages. Or, à Grand-Lieu, comme il ne s'agit d'élever les eaux que de trois mètres en hiver et de deux en été, non plus de près de sept mètres comme en Hollande dans certains polders, nous devons être certains que l'impôt de desséchement sera minime.

La nature de cet impôt, essentiellement équitable et dégrevant de tout autre, prouve qu'il est considéré plus comme un concours et une récompense que comme une charge.

Croyez-vous donc, du reste, la spéculation assez

ignorante pour ne pas sourire du tableau que vous lui faites de la Hollande. A vous entendre , ce pays ne serait rien moins que sur la voie d'une catastrophe, et la banqueroute frapperait à ses portes.

La spéculation sait tout le contraire : pour elle, le nom de la Hollande est synonyme de fortune solide ; pour elle, les miracles de Haarlem sont la base de cette fortune ; et, en établissant malgré vous et malgré nous, l'assimilation que vous seul avez provoquée, vous pourriez bien avoir éveillé avant l'heure l'attention des capitalistes.

Dans tous les cas, soyez certain que lorsqu'il sera besoin d'hommes et d'écus pour réaliser l'œuvre projetée, ni les uns ni les autres ne resteront sourds à l'appel qui leur sera fait dans le département de la Loire-Inférieure.

V.

Tranquille désormais sur les dispositions des capitalistes, vous revenez sur les rives qui vous sont chères, pour vous laisser entraîner encore à des exagérations, témoignant de votre peu de foi dans la bonté de votre cause et dans le sort qui lui est réservé.

C'est au nom des populations riveraines que vous allez chercher à les effrayer ; elles vous ont chargé, sans doute, du soin de les entretenir dans un état constant de terreur; elles vous ont donné mission d'enfreindre de nouveau, et cette fois gravement, votre promesse relative à la science.

Ce n'est plus seulement géographe que vous allez

être, c'est géologue, chimiste, botaniste, minéralogiste, naturaliste, tout enfin et quelque chose encore. Il s'agit de la santé publique : on manque à sa parole dans de moins grandes occasions.

« *Le projet de dessèchement, dites-vous à tort, s'appuie sur un prétexte de salubrité. A l'en croire, la santé publique gagnerait beaucoup à la suppression du lac, c'est-à-dire à la substitution de l'état marécageux à l'état liquide.* »

Une bonne fois pourrions-nous vous faire dire que le projet de M. Mille a pour but de substituer l'état solide à l'état marécageux et non ce dernier à l'état liquide. La loyauté est de rigueur même envers des adversaires, et il faut bien que vous conveniez, sous peine d'être accusé de manquer à la vérité, que l'état marécageux est l'état actuel ; qu'il est intolérable. l'été, et que, dans quelques années, il sera intolérable en toute saison. Si vos préventions vous ont à la fois privé des sens de la vue, de l'odorat et du toucher, ayez recours au premier étranger venu ; demandez-lui d'abord ce qu'il entend par état marécageux ; conduisez-le ensuite sur les bords du lac, et il vous dira s'il n'a pas devant lui sa définition réalisée.

Cela établi, votre distinction entre les marais et les lacs devient inutile. On ne veut pas créer des marécages ; on veut, au contraire, en supprimer.

Il s'agit de prairies; il s'agit d'un desséchement tel que le permettent aujourd'hui les progrès de la science, c'est-à-dire complet. Il n'y a d'eaux stagnantes que dans le présent et dans le passé. On vous en délivre. Que voulez-vous de plus?

Croyez-nous donc: n'en revenez plus, à ce propos, à votre théorie des lacs, qui peut être applicable aux grandes nappes d'eau comme celle de Genève, mais qui n'a rien de commun avec Grand-Lieu. Ne nous parlez plus de courant *dissimulé* et inférieur. *Vos issues souterraines, vos infiltrations inconnues, vos animalcules, vos corpuscules, vos débris et vos détritus* sont inconnus des populations riveraines. Ce qu'elles savent maintenant par vous, c'est que le voisinage des marais est pestilentiel. Qu'ont-elles sous les yeux? Les marais de l'Acheneau. Avis au Syndicat de Buzay.

Nous nous imaginons volontiers l'état de terreur dans lequel vous aurez plongé le malheureux riverain qui, au retour du travail, aura jeté les yeux sur votre brochure. Nous le voyons, se croyant entouré *d'amas, de mares, de flaques, de cloaques,* sur un terrain *menacé de se gonfler comme une éponge ou de se transformer en mer de boue, séjour des animaux inférieurs et des végétations rudimentaires, des infusoires, des animalcules microscopiques, des bissus, des conferves, etc.*

Ne vous repentez-vous pas d'avoir eu recours à de pareils moyens pour effrayer le pauvre homme qui ne rêve plus qu'eau *louche, blanchâtre, laiteuse, saturée d'albumine et d'humus*. Pour notre part, nous aurions conscience de faire usage de cette mise en scène pour les besoins de notre cause, et nous ne nous aviserions jamais de parler au nom de populations riveraines à ces mêmes populations, *d'hydrogènes sulfurés, phosphorés et carbonnés*. C'est de l'intimidation, sans aucun doute.

Mais croiriez-vous par hasard, de bonne foi, à tout ce que nous venons de lire ? Auriez-vous écrit franchement, à propos de prairies à créer, qu'il faut redouter les rizières ? Revenez à vos moutons, disait notre aïeul Patelin à maître Josseaume, qui confondait toujours son drap et ses bêtes à laine. Vos marais ou les marais de vos amis vous occupent tellement que vous les jetez pêle-mêle dans le lac. De grâce, laissez là vos hydrogènes et revenez au desséchement.

Vous ne le voulez pas. Après en avoir appelé à toutes les sciences naturelles, vous en appelez à la statistique, et, oubliant que la statistique ne donne des résultats qu'appliquée aux grandes masses ou aux longues périodes de temps, vous l'appliquez non-seulement à un département, mais à des villages, et vous le faites de telle façon qu'on peut, en pointant au hasard vos assertions, vous convaincre de contradiction et d'erreur.

A Bouaye, dites-vous par exemple, la mortalité est de un sur quarante-sept, tandis qu'à Port-Saint-Père elle ne serait que de un sur cinquante-cinq. Or, tout le monde sait, et vous devez le savoir puisque vous êtes riverain, que Bouaye est plus sain que Port-Saint--Père. Que prouve donc alors votre statistique? — Rien; parce que vous calculez sur quelques années et qu'un tel calcul est faux. — Calculez sur un ensemble de plus de cent mille hommes pour juger de la mortalité d'une année, ou sur une durée de cent ans pour juger de la mortalité dans un village. Alors vous serez peut-être dans le vrai. Mais vous l'avez dit tout d'abord : la science et vous sont choses différentes.

L'insalubrité ne cause pas la mort. Il est des populations qui vivent très-longtemps, mais que la maladie éprouve sans cesse. Refaites vos calculs en ayant cela à l'esprit et vous nous direz si vous avez raison.

Vous aimez singulièrement à étayer vos raisonnements de l'opinion des autres, quitte à n'en prendre que ce qui vous est favorable ou à trouver qu'elle est insuffisante, comme dans le cas de M. Eon Duval. C'est maintenant à M. le docteur

Gély que vous demandez des armes contre vos adversaires.

Vous lui empruntez ces deux paragraphes :

« Que deviendra le pays après le desséchement ? qu'y aura-t-il de changé à son état actuel ? La solution de cette difficulté est toute entière dans la réponse à cette autre question : quel sera le degré de perfection de cette entreprise ? Un desséchement incomplet peut aggraver beaucoup l'état actuel. »

« Dans le cas d'un desséchement incomplet, le pays, bien loin d'avoir gagné quelque chose du côté de la salubrité, aurait peut-être beaucoup perdu ; car, en dernière analyse, ce n'est pas le lac qui est malsain. »

Et vous ajoutez que M. le docteur Gély fut un partisan du desséchement. Ici, vous retombez dans un dilemme semblable à celui que nous vous avons posé à propos de M. Eon Duval.

Ou vous respectez l'opinion de l'homme que vous citez, et alors concluez comme lui ; ou vous ne tenez pas compte de son opinion, et alors pourquoi le citez-vous ?

Ne comprenez-vous pas que, pour conclure en faveur du desséchement, après avoir écrit de telles lignes, il faut que M. le docteur Gély ait compris que le desséchement est d'utilité publique et même d'absolue nécessité ?

Quant à savoir le degré de perfection de l'entreprise, n'oubliez pas, vous qui vous inclinez devant la science, que M. Mille est ingénieur en chef des ponts-et-chaussées.

Nous vous disons de ne pas oublier cela, parce que les personnes qui, nous n'en doutons pas, vous inspirent, se sont plues à établir que M. Eon Duval étant ingénieur du gouvernement et se trouvant tout particulièrement chargé, à ce titre, de veiller sur le salut des populations, on devait ajouter une foi aveugle à ses dires. Eh bien ! si ce titre d'ingénieur du gouvernement est pour vous une infaillibilité, n'oubliez pas, nous le répétons que M. Mille est, lui aussi, ingénieur du gouvernement au même titre que M. Eon Duval. Mais, vous le prouvez par votre brochure même, M. Eon Duval n'a pour vous qu'une valeur subordonnée à la vôtre ; vous êtes bien autrement fort que tous les ingénieurs réunis.

*Vous prétendez qu'il est démontré qu'avec le système de **M.** Mille le desséchement ne sera jamais complet, c'est-à-dire que le terrain conquis sur les eaux devra être coupé de rigoles, de fossés toujours pleins, qui transformeront le polder en un véritable marais, désastreux pour la santé* *comme le sont les marais de Machecoul, où la mortalité est de un individu sur vingt-neuf.* Voilà qui est trop fort.

Qui a démontré cela, s'il vous plaît? Est-ce M. Eon Duval; est-ce tout autre ingénieur autorisé par sa position ou par son nom? Et depuis quand les fossés sont-ils désastreux pour la santé? Mais vous n'avez donc jamais vu les champs!

Est-ce que partout l'agriculture n'ouvre pas des rigoles, ne creuse pas des fossés pour assainir? Non pas des rigoles et des fossés tels que vous les montrez aux yeux grands ouverts de vos lecteurs, mais tels qu'on les fait toujours, c'est-à-dire de proportions et de profondeurs ordinaires, disputant à peine à la terre une étendue proportionnée à la fertilité qu'ils lui donnent. Savez-vous ce que serait sans cela une immense prairie? Ce serait un *cloaque* et vous ne voulez pas de cloaques, si ce n'est pour frapper l'imagination de vos lecteurs. L'auteur du projet veut que le desséchement soit complet; il crée tout ce qui est à créer pour atteindre ce but et, comme il vous le dit lui-même: *des lignes d'eaux courantes, toujours tenues en mouvement par l'irrigation, le drainage et l'épuisement des pompes.*

Nous en convenons, l'époque du desséchement pourra présenter quelques inconvénients dont la gravité est loin d'atteindre des proportions telles qu'on voudrait le faire croire. M. le docteur Gély a cherché et indiqué lui-même les moyens à prendre pour y faire face. Dans tous les cas, si le danger était aussi grand qu'on se le figure, les dessécheurs en seraient les premières victimes, et avec eux disparaîtrait jusqu'au souvenir de leur entreprise ; mais le danger existe à peine ; M. le docteur Gély, qui joignait à son titre de savant son titre spécial de médecin, aurait conclu moins que tout autre au dessèchement dans le cas contraire, car le médecin a charge de corps comme le prêtre a charge d'âmes.

Du reste, vous en agissez avec M. le docteur Gély comme avec M. Eon Duval. Toute renommée vous est bonne à la condition qu'elle se prête aux amputations que voudra lui imposer votre caprice. Vous nous citez un premier paragraphe du Docteur, et, arrivé à l'endroit qui vous blesse, vous prenez des ciseaux et l'affaire est faite. Permettez-nous de ramasser ce que vous avez jeté au panier.

Voici ce que M. le docteur Gély a écrit ; nous soulignons ce que vous avez supprimé :

« Que deviendra le pays après le dessèchement ? Qu'y aura-t-il de changé à son état actuel ? La solution de cette difficulté est toute entière dans la réponse à cette autre question : quel sera le degré de perfection de cette entreprise. *Un dessèchement complet, en le rendant plus salubre, en y appelant l'industrie, en favorisant le développement de la population,* PEUT LUI RENDRE UN IMMENSE SERVICE ; *et sous ce point de vue, plus encore que sous celui des richesses agricoles, on pourrait dire que le projet s'élève à la hauteur d'une entreprise* D'UTILITÉ PUBLIQUE. »

Nous vous trouvons hardi de faire tourner contre vos adversaires un paragraphe si évidemment conçu en leur faveur. Mais ne nous arrêtons pas là ; citons encore, nous qui ne tronquons pas les citations.

« Il ne devait entrer dans la pensée de per-
» sonne qu'un dessèchement définitif et complet
» pût aggraver cet état sanitaire, et quand il en
» serait autrement, nous n'aurions pas à com-
» battre ici une semblable opinion avec tous les
» résultats connus. *Partout où des marais, de*
» *vastes étangs ont été desséchés, on a vu dis-*
» *paraître les tristes maladies qui décimaient les*
» *populations environnantes, et, avec elles, les*
» *épidémies graves qui venaient trop souvent s'a-*
» *battre sur le pays comme un fléau destructeur.*
» TOUJOURS UN DESSÈCHEMENT COMPLET A ÉTÉ
» LE SIGNAL D'UNE PROSPÉRITÉ D'AUTANT PLUS
» REMARQUABLE QUE LA FÉCONDITÉ DU PAYS FAVO-

» RISAIT DAVANTAGE L'ACCROISSEMENT DE LA POPU-
» LATION. »

Plus loin, M. Gély est loin de partager votre avis sur l'état sanitaire actuel du bassin de Grand-Lieu.

...... « Les fièvres intermittentes s'y montrent » chaque année et reparaissent souvent sous » forme épidémique. Elles constituent la maladie » prédominante du pays. Ce fait est avoué et » reconnu par tout le monde. »

Continuons encore :

« La mortalité est considérable tout autour » du lac ; elle porte fortement sur les enfants... »

En vérité, M. le docteur Gély doit vous savoir le même gré que M. Eon Duval. Savez-vous que c'est chose imprudente de vouloir ainsi compléter les uns et tronquer les autres, quand on s'attaque à la triple force de l'expérience, du talent et du visage découvert. Croyez-nous, ne vous aventurez plus sur le terrain des citations. Sur ce terrain-là vos adversaires n'ont rien à craindre.

Vous invoquez ensuite l'exemple offert, dites-vous par le projet de desséchement du Pirou, auquel on fut obligé de renoncer. Nous ne sommes pas à même de vous dire si cet exemple existe réellement, si cette vasière de quatre hectares peut être comparée au lac de Grand-lieu, si enfin le dernier mot de la science a été dit à ce sujet ; mais ce que nous pouvons dire, ce que tous les gens de bonne foi comprendront, c'est qu'il n'était pas besoin d'aller chercher au loin de douteux exemples, quand on en a un parlant sans réplique sous les yeux.

Vous avez desséché l'Acheneau ; vous l'avez même assez mal desséché, ce dont on peut se rendre facilement compte en cette saison ; et ce desséchement, loin de tuer quelqu'un, a enrichi beaucoup de monde. Si cet exemple ne nous suffisait pas, nous n'aurions qu'à ouvrir la brochure de M. le docteur Gély pour vous en fournir par centaines; car ils sont nombreux les desséchements qu'invoque contre votre opinion l'homme savant et respectable dont il vous a pris la singulière idée de tronquer la pensée.

Donc, si votre précédent *unique est d'une éloquence terrifiante*, le nôtre est consolant, n'en doutez pas. Donc, si le vôtre prophétise pour Grand-Lieu une maladie *générale et désolante*, le nôtre établit la certitude du contraire.

L'histoire de votre maire, répondant *avec un laconisme singulièrement énergique* à celui qui lui demandait quel périmètre il entendait donner *au champ des morts* pour lequel il était en instance auprès de l'administration :

« *Un hectare suffit, mais il en faudra deux si le desséchement du lac s'opère.* »

Votre histoire, disons-nous, est loin d'avoir la *signification terrible* dont vous gratifiez en père prodigue tous vos arguments.

D'abord votre maire fait-il oui ou non partie du Syndicat de Buzay? S'il en fait partie, son témoignage est récusé d'avance par l'opinion.

Dans le cas contraire, êtes-vous certain qu'il n'a pas voulu dire que l'accroissement de la population deviendra tel, après le bienfait du desséchement, qu'il faut prendre toutes les mesures capables de cadrer avec le nouvel état de choses?

Que ce digne magistrat municipal prononce entre nous. S'il ne le fait pas, je vous tiens pour fort embarrassé.

Enfin vous vous arrêtez; mais c'est en vous écriant *qu'on ne peut espérer transformer Grand-Lieu qu'en peuplant la terre de cadavres;* c'est en poussant cette exclamation sur les hommes qui, selon vous, vont comme *prendre et lancer dans l'air des miasmes putrides:*

« *Ah! l'intérêt d'un homme, l'agrandissement d'une fortune, la satisfaction d'une ambition qui s'égare, valent-ils donc qu'on affronte de telles extrémités et que l'on fasse de tels sacrifices!* »

Vous n'avez rien épargné pour amener ce coup

de théâtre et pour qu'il frappât l'esprit des populations. Un journal important de la localité a été prié de reproduire justement ce qui avait trait aux terreurs à répandre. Il vous fallait à tout prix de l'épouvante, la science de M. Eon Duval étant impuissante selon vous.

Eh bien! nous ne prendrons pas la peine de relever vos dernières paroles; ce serait faire injure à l'honorable famille qu'elles accusent et qu'elles ne peuvent atteindre. Elle ne demande de sacrifices à personne; elle veut rendre un service; et, quant à son ambition, elle n'en a qu'une: c'est celle de doter la contrée de trois mille hectares d'excellentes prairies qui enrichiront l'agriculture.

Nous croyons que les lignes qui précèdent suffiront, *sans invocation à l'humus et aux corpuscules,* pour tranquilliser les gens que vous avez effrayés, si tant est que vous ayez effrayé quelqu'un; nous croyons que l'honorable journal qui a reproduit, par complaisance sans doute, vos sinistres prophéties sera le premier à en rire avec nous; il ne verra dans tout cela qu'une baisse du prix des fourrages et non les aîles ouvertes de la mort.

VI.

Il y a des assemblages de mots qui ont, entre tous les autres, le don d'irriter la fibre intéressée des ennemis du progrès. De ce nombre, il faut ranger celui-ci : *utilité publique.*

Aussi faut-il voir avec quel dédain ils en parlent.

L'utilité publique, disent-ils, *est une lame à tous les fourreaux, un piédestal pour toutes les causes, même les plus mauvaises.*

C'est absolument l'accusation que portent contre le suffrage universel les ennemis de l'Empire, et cela se comprend : le suffrage universel, c'est l'utilité publique devenue le critérium de la diplomatie.

Quand il a été question des chemins de fer,

que d'intérêts privés ont maudit la loi qui devait décupler la richesse de la France, parce qu'elle divisait tel ou tel champ, parce qu'elle renversait telle ou telle propriété, parce qu'elle supprimait les relais de poste. Les chemins de fer en étaient-ils moins pour cela d'utilité publique? Non assurément.

N'a-t-on pas vu, il y a quinze ans à peine, un propriétaire entêté tenir en échec le gouvernement du roi Louis-Philippe, et s'opposer à l'achèvement de cette place du Carrousel qui fait aujourd'hui l'admiration de l'Univers. — Pour cet homme, l'utilité publique était une ennemie.

Quoiqu'en dise l'auteur anonyme, la loi d'utilité publique, entourée des garanties nécessaires, n'a jamais rendu que des services ; elle a été dans les mains du gouvernement un moyen énergique de civilisation, et c'est à elle que Paris doit d'être aujourd'hui la première capitale du monde.

Le gouvernement actuel n'est pas un de ces gouvernements qu'on aveugle sur la nature des choses ; mais il n'est pas non plus un de ceux qui reculent devant les caprices ou les intérêts privés. Il n'a ni l'esprit superficiel, ni la conscience facile, comme semble l'insinuer l'auteur du mémoire, et les propriétaires du lac de Grand-Lieu n'auraient pas invoqué auprès de lui l'utilité publique, si elle n'existait réellement.

L'utilité publique ressort des avantages présentés et des inconvénients funestes supprimés par le projet.

Ces avantages sont-ils certains ?

Ces inconvénients funestes existent-ils ?

L'affirmation est une déclaration d'utilité publique.

Eh bien ! dans le cas présent, les avantages sont nombreux :

Navigation rendue praticable en tout temps ;

Terrains conquis à l'agriculture dans un pays dont l'élève du bétail peut décupler la richesse ;

Assainissement garanti ;

Routes ouvertes dans toutes les directions.

Quant aux inconvénients supprimés ; qui ne les connaît ?

Submersion presque incessante d'étendues immenses de terrains à l'état de marécages.

Entraves apportées à la navigation par la trop grande latitude laissée au mouvement des eaux et par la végétation toujours croissante qui amène un desséchement imparfait.

Epidémies produites et rendues de plus en plus menaçantes par le développement de la végétation rudimentaire qui paraît tant effrayer les adversaires du projet.

Si l'assurance de tels avantages et la suppression de tels inconvénients ne constituent pas une raison d'utilité publique, nous ne savons plus ce que parler veut dire.

Il y a, dites-vous, *utilité publique à dessécher des marais, à rendre à l'agriculture des terres demeurées inféconds, à assainir un pays, à porter la joie, le bien-être et la santé au milieu de populations pauvres, maladives et attristées. Pour une œuvre semblable tous les honnêtes gens ont des sympathies et tous les pouvoirs des encouragements. L'Empereur a inscrit les travaux de cette nature dans sa lettre au ministre d'Etat qu'on a si justement appelée le Programme de la Paix ; il les a mis à l'ordre du jour, et son gouvernement, avec une sollicitude active et éclairée, s'appliquera à les développer, à les subventionner, à les multiplier partout où ils pourront s'accomplir.* Mais encore une fois c'est justement de cela qu'il s'agit.

Non, dites-vous : il s'agissait de cela quand le syndicat de Buzay dessécha ses quatre mille hectares ; aujourd'hui, c'est bien différent.

Vous feriez damner un saint par cet entêtement à démontrer vous-même que tout se réduit à ceci pour vous :

Concurrence impossible au rapport des marais que le Syndicat de Buzay fait valoir.

Pour vous le Syndicat n'a jamais eu en vue une spéculation d'argent.

Ah! vraiement?

Mais ne soyons donc pas à ce point complaisant pour l'auteur anonyme de le suivre dans un tel raisonnement.

De nos jours chacun a le droit de concilier ses intérêts avec le bien public; c'est de cette conciliation que l'émulation est née. Ceux qui ont fondé le Syndicat le savaient; il est seulement dommage que leurs fils s'obstinent à ne pas vouloir de cette conciliation et prétendent ne tenir aucun compte des intérêts généraux.

Pour le Syndicat actuel, en effet, comme pour vous, toute utilité qui a pour base autre chose que son affaire propre, est *une erreur complète, une illusion, un rêve, un mauvais expédient, que la complaisance même la plus exagérée ne saurait ni consacrer, ni seulement absoudre.*

Il n'est pas nécessaire de répondre à cela.

Vous parlez de la nécessité d'établir une bonne navigation. Le projet la donne, et chacun sait que vous compromettez chaque jour de plus en plus cette navigation, et que le projet seul peut la garantir.

Vous n'êtes certes pas dans la certitude aveugle que personne n'ira sur les lieux juger de la vérité.

On demandera aux mariniers s'ils préfèrent un large canal avec chemin de hâlage à un lac vaseux et sans eau.

On demandera à tous si canaliser c'est combler, si construire des écluses c'est renverser, si dessécher c'est appeler la maladie. Les réponses ne sont pas douteuses.

Mais ces réponses vous croyez les avoir imposées aux populations riveraines dans un sens favorable à vos intérêts, et déjà vous vous réjouissez à la pensée que la commission d'enquête n'écoutera que ces populations; que *le conseil d'Etat ne procédera pas autrement que la commission d'enquête;* que le gouvernement procédera comme le conseil d'Etat; et qu'alors vous aurez eu facilement raison du gouvernement.

Vous n'abuserez ni la commission d'enquête, ni le conseil d'Etat.

Le gouvernement se demande tout d'abord si les populations qui émettent un vœu l'émettent en connaissance de cause; s'il voit le contraire, il les éclaire et les ramène dans le sentier de la vérité.

Mais n'ayons cure même de vos espérances dans les populations riveraines. Elles sont loin maintenant de vous être acquises, quelque peine que vous vous soyez donnée pour les acquérir.

Vous jetez le nom de l'isthme de Suez dans

le débat. Insensé, ne voyez vous pas que vous remplissez identiquement le même rôle vis-à-vis des dessécheurs que celui des Anglais vis-à-vis de M. de Lesseps? Vous mettez les mêmes raisons en avant : vos marais sont les produits de l'Inde; il ne faut pas que d'autres puissent s'en procurer de semblables; il y aurait baisse sur les cours.

Cette baisse, c'est l'utilité publique.

Non, persistez-vous à dire. L'utilité publique serait dans la création du lac, s'il n'existait pas. C'est M. Eon Duval qui l'affirme. Vous avez besoin de lui; vite vous le replacez du second rang au premier.

C'est à l'auteur du projet de répondre à cela et il le peut victorieusement en en appelant de M. Eon Duval à M. Eon Duval lui-même.

Cet ingénieur déclare qu'un réservoir de huit cents hectares est tout ce qu'il faut au bassin. Il exagère peut-être; mais enfin c'est toujours deux mille huit cents hectares qu'il vous retire. Aussi ne l'approuvez-vous qu'à demi.

Vous invoquez la bonne foi de chacun. Faites un appel à la vôtre, et la réponse aussi ne sera *ni incertaine ni douteuse.*

Le bien qui s'est fait en petit gagne à se faire en grand.

S'il y a eu jadis utilité publique à dessécher les

marais de Buzay, il y a utilité publique à dessécher le lac de Grand-Lieu.

Les causes qui ont deux poids et deux mesures sont de mauvaises causes.

VII.

Il vous fallait conclure, et vos conclusions ne devaient être que l'aveu sincère de votre crainte et du désir extrême que vous avez de la voir disparaître à jamais.

Vous le dites enfin : *Depuis longtemps vous êtes sous le coup d'une préoccupation perpétuelle et d'une inquiétude permanente.*

Il faut trancher la question d'une manière définitive.

Ainsi donc, il ne vous suffit pas que les hommes compétents, dans le cas où le projet de Monsieur Mille ne leur semblerait pas parfait, cherchent les moyens de le perfectionner.

Il vous faut l'engagement formel que désormais la Société de Buzay n'aura plus à entendre ce vilain mot de desséchement, et qu'elle pourra s'endormir tranquillement dans la douce certitude que ses marais n'auront plus, en aucun temps, de concurrence à soutenir.

Nul n'a le droit de prendre un tel engagement.

Si, grâce à d'incessantes manœuvres, à de funestes influences, à votre action perfide sur l'esprit de gens qui vous croient sincères, le projet de M. Mille pouvait jamais être écarté, votre châtiment ne se ferait pas attendre: il serait dans la perpétuité de vos préoccupations et de vos inquiétudes.

Prodigues de promesses, avez-vous songé qu'il vous faudrait les tenir; que l'on vous obligerait enfin à assurer la navigation; que les desséchements naturels de l'été, augmentant chaque année et justifiant notre dire, éveilleraient l'indignation publique; que la vérité se ferait jour enfin, et qu'il vous faudrait supporter le poids des reproches sanglants qui vous seraient adressés?

Si vous triomphiez, votre triomphe ne serait pas de longue durée.

Il est impossible qu'une décision radicale soit prise en dehors du desséchement.

On ne décide pas radicalement qu'une situation mauvaise sera éternelle, ou alors le mot radical employé ne sert qu'à une chose, à prouver au bout de quelques années que l'orgueil d'un certain nombre ne prévaut jamais contre la sagesse humaine.

La négation du bien n'est jamais radicale. — C'est la juste punition du mal.

Chaque tentative nouvelle pour atteindre un but en rapproche.

Huit fois on a voulu dessécher Grand-Lieu, huit fois on a été arrêté, plus par les événements que par les hommes; eh bien! chacun de ces efforts s'est multiplié des efforts précédents.

Qu'importe? vous avez hâte d'en finir; et, parce que vous avez beaucoup écrit, vous croyez avoir beaucoup prouvé.

On croit aisément ce qu'on désire.

M. Eon Duval vous redevient nécessaire, non pas comme auteur d'un contre-projet *très-subsidiairement* pris en considération, il est vrai, mais comme ennemi déclaré, irréconciliable du dessèchement.

Son nom fera bien dans un résumé. — C'est une autorité; vous n'en êtes pas une.

C'est là encore l'occasion de vous répéter que si M. Eon Duval est ingénieur des ponts-et-chaussées, M. Mille est ingénieur en chef au même titre, et qu'entre ces deux autorités l'auteur de la théorie des lacs n'a ni le droit ni le moyen de se prononcer.

C'est enfin le moment ou jamais de bien faire remarquer aux hommes impartiaux que l'opinion de Monsieur Eon Duval ne peut être admise que comme celle de l'une des parties en présence, et non comme celle d'un ingénieur indépendant. — C'est sur sa demande au Ministre, et sur celle de ce Syndicat, que M. Eon Duval a été autorisé à accepter les fonctions DE CONSEIL DU SYNDICAT DE BUZAY.

Mais vous n'avez pas plus compris M. Eon Duval que M. Mille; au fond vous n'aimez ni l'un ni l'autre; vous en subissez un.

M. Eon Duval est un homme de science et la science s'occupe incessamment d'améliorer.

Tôt ou tard le contre-projet de M. Eon Duval pourrait devenir projet actif. — Vous n'aimez pas M. Eon Duval.

Vous l'avez prouvé en le déclarant insuffisant à la défense de ce que vous appelez vos droits.

Pourtant Monsieur Mille et Monsieur Eon Duval n'ont eu l'un et l'autre qu'une pensée : sauvegarder les intérêts des populations riveraines.

C'était aux vôtres qu'il fallait songer.

Monsieur Mille a poussé sa préoccupation des

intérêts généraux jusqu'à l'extrême ; il n'est pas une ligne de son projet qui ne l'indique.

Monsieur Eon Duval devait fatalement tomber d'accord avec lui sur les points principaux ; car si deux hommes de talent voient presque d'une façon différente les moyens de parer à un inconvénient grave, ils ne peuvent se tromper sur sa nature.

Comme pour Monsieur Mille, la nécessité d'augmenter les débouchés du Lac est indispensable pour Monsieur Eon Duval.

Seulement l'un veut creuser le canal du Migron ; l'autre veut agrandir celui de Buzay.

Ce dernier moyen vous est-il plus agréable ?

Tous deux ont reconnu qu'il fallait un modérateur ; ils n'ont différé que sur ses dimensions.

La possibilité du desséchement n'a pas un instant fait doute pour l'un et pour l'autre.

Aussi ne croyez pas qu'en cas de succès, la Sociéte de Buzay tire jamais de ses archives le mémoire de M. Eon Duval, car ce projet est sa condamnation.

Le raisonnement a été sans puissance dans vos mains ; vous le reconnaissez et vous passez à la menace.

La menace est aveugle ; elle vous porte à vous trahir. Le mot est enfin lâché.

La valeur vénale de vos biens territoriaux vous semble notablement avilie. Tout est là.

Eh bien! permettez-nous de vous dire que vous n'avez aucune notion des résultats naturels d'une augmentation de la richesse publique. Ces résultats sont ordinairement l'augmentation de la richesse privée; car, à mesure que la production se multiplie, la consommation suit la marche progressive. Vos craintes sont donc chimériques; votre opposition est donc funeste à vous-mêmes.

Selon votre habitude plus ou moins franche, vous cherchez en passant à compromettre un nouveau nom, celui d'un homme éminent aussi dans la science, celui de M. Jégou.

Par une adresse de forme qui met une amphibologie au service de votre cause, assez pauvre du reste pour accepter même le secours des amphibologies, vous cherchez à prouver que M. Jégou a justifié à l'avance les actes d'agression et de révolte auxquels vous poussez les populations.

Ceci est grave.

D'abord, M. Jégou comme M. le docteur Gély était favorable au projet de desséchement. Vous en convenez.

Il y était favorable parce que la suppression du lac est le seul moyen d'assurer tout à la fois une bonne navigation, un état complet d'assainissement et l'augmentation de la production agricole dans la contrée.

Mais M. Jégou ne voulait pas que ce résultat fût atteint aux dépens des propriétés riveraines. Pour lui, le desséchement devait se faire en améliorant au contraire leur position.

M. Jégou a été compris par M. Mille; M. Mille a suivi ses idées justes et établi le niveau de la digue entre Bouaye et Saint-Mars à un niveau inférieur à celui des grandes crues, et notamment de celles de cet hiver.

De tels travaux, on ne les détruit pas par la force; on reconnaît vite qu'ils sauvegardent les propriétés riveraines au lieu de les compromettre, et quand on voit des hommes combattre même l'évidence on se demande enfin ce qui les pousse à cette systématique opposition.

Puisque vous menaciez et que vous étiez surtout en veine de citations, que ne donniez-vous des exemples de révoltes survenues à propos de desséchements ?

En voici un que je vous aurais recommandé. c'est NADAULT DE BUFFON qui nous le fournit, un écrivain qui a approfondi la science hydraulique, sans cependant, il est vrai, avoir découvert la théorie des lacs.

Il s'agit des étangs de Pourra, dans les Bouches-du-Rhône.

Ces étangs étaient absolument dans les conditions du lac de Grand-Lieu; leur dessèchement, reconnu nécessaire, ne pouvait s'opérer sans soulever des tempêtes; car l'écoulement n'était possible que par des marais salins dont une Société de Buzay quelconque avait le monopole.

Les tribunaux se prononcèrent en faveur de la Société; les populations, abusées par des raisons semblables à celle que l'on invoque aujourd'hui, se déclarèrent également pour elle.

Mais le temps ne tarda pas à désabuser les populations; il arriva ce qui doit infailliblement arriver à Grand-Lieu : les étés successifs commencèrent d'une façon malsaine ce que la science eût fait sainement; les populations reconnurent que la Société des marais salins n'avait eu en vue que ses intérêts en abusant l'opinion avec connaissance de cause; les habitants de la commune de Saint-Mitré brisèrent par la force les obstacles matériels opposés à l'écoulement des eaux; ils firent plus : ils voulurent se porter à des voies de fait sur les sociétaires salins, et l'envoi d'un régiment devint nécessaire.

Au bout d'un mois, le régiment avait perdu la moitié de ses hommes; et ce n'est que lorsque la science eut commencé son œuvre que la santé publique redevint florissante.

Le desséchement sauva les populations.

Que cette leçon profite à qui de droit.

Nous ne vous menaçons pas , continuez-vous ; mais prenez-garde !

La menace est la pire des armes quand la science délibère encore.

Encore une fois, le calme est le signe de la force et l'effet de la foi.

Ne montrez pas trop que vous n'avez ni l'une ni l'autre.

Vous pèseriez trop à votre tour dans la balance de l'enquête, et vous pourriez bien finir par passer pour un des partisans détournés du desséchement.

Résumons-nous et concluons.

Concluons sérieusement, comme nous aurions voulu vous combattre dans toute l'étendue de cette brochure; comme nous vous aurions combattu si la plupart du temps vous ne nous en aviez empêché en n'étant pas sérieux vous-même.

Vous ne nous aviez promis que du bon sens; vous n'en avez pas mis un instant au service de votre cause; vous nous aviez dit que vous vous abstiendriez de faire le savant, et vous n'avez rien eu de plus pressé que de prêter les flancs au ridicule en inventant des théories devant lesquelles aucun homme de science ne gardera son sérieux; enfin, vous avez fait appel à la menace et vous l'avez fait dans de tels termes que votre menace elle-même ne saurait inspirer de crainte.

Cependant, en la lisant une première fois, nous avons trouvé votre brochure dangereuse, et nous persistons encore à la trouver telle, bien que nous n'ayons eu le plus souvent qu'à en rire, et que nous n'ayons pas rencontré en elle la moindre idée debout sur notre chemin.

C'est que cette brochure n'est pas de bonne foi; c'est qu'elle ne dit pas ce qu'elle brûle de dire, mais qu'elle le défend par tous les moyens; c'est qu'elle frappe les imaginations par sa forme déclamatoire, la pire des formes quand on veut agir sur des populations faciles à entraîner, car elle les abuse facilement; c'est que son apparition a été perfidement combinée avec l'époque assignée à la fermeture de l'enquête, de façon à produire un effet que personne ne pourrait détruire à temps; c'est qu'enfin elle a dans chacun de vos co-intéressés un propagateur passionné qui la glisse et la commente partout avec son admiration, en l'invoquant comme une œuvre étrangère au Syndicat de Buzay.

Vos adversaires auraient pu, et cela sérieusement, avoir recours aux mêmes armes; ils auraient pu depuis longtemps soulever l'indignation contre ceux qui ne tiennent aucun de leurs engagements et compromettent la navigation; ils auraient pu amener les populations riveraines à se révolter contre l'égoïsme et le mauvais vouloir de certaines gens; ils ne l'ont pas fait; vous auriez dû leur en savoir gré et profiter de cela pour vous mettre de moitié dans leur projet, afin de faire oublier bien des choses. Mais l'intérêt était là.

Car, enfin, de quoi s'agit-il en fin de compte?

Trois mille six cents hectares de bonne terre peuvent être rendus à l'agriculture par l'industrie; on interroge cette dernière qui, après avoir consulté les hommes compétents, répond qu'elle s'engage à répandre ce bienfait sur la Loire-Inférieure.

Ces trois mille six cents hectares sont recouverts par les eaux mal dirigées de trois rivières et forment en ce moment un lac qui n'a aucune des beautés, ni aucun des avantages des lacs dont une province est fière. L'hiver, il expose à la désolation ses riverains; l'été, il les expose à la maladie. Nous sommes à la fin d'avril; qu'on le parcoure à la rame, et l'on reconnaîtra que son desséchement est réclamé par la nature même.

Ce desséchement, il a été réclamé à toutes les époques; pas un homme de science et d'utilité pour la province qui n'ait dit : le lac doit disparaître. Pourquoi n'a-t-il pas disparu? Parce que les plus grandes choses ne sont pas toujours les premières faites ; parce que le percement des isthmes de Suez et de Panama est encore à faire, sans qu'il soit venu à l'idée de personne d'en conclure qu'il serait impossible et nuisible.

Un ingénieur des ponts-et-chaussées, un homme que le gouvernement investit de sa confiance et qui, par conséquent, a droit à celle de tous, cherche le moyen de dessécher les trois mille six cents hectares ; il le trouve ; il assure à la Loire-Inférieure la conquête d'immenses prairies ; et de plus il crée ce qui manquait au bassin, des canaux et des routes, une navigation qui portera partout la richesse, un système d'irrigation qui fécondera le pays ; il est secondé dans ce projet par les propriétaires du lac, qui veulent bien supporter tous les frais et tous les ennuis des premières études. Il présente son projet.

Certes, la première pensée qui l'accueillera sera une pensée de reconnaissance.

Eh bien! non, il n'en sera pas ainsi. Ce bienfait qu'on va répandre, il nuit à des intérêts privés qui se moquent de l'intérêt général ; ils se dressent ; ils font appel à toutes les passions, et le projet est honni avant même d'avoir été examiné.

Quelles objections lui oppose-t-on?

Aucune qui ne soit de suite victorieusement retournée contre ses auteurs.

Le projet est insalubre? On démontre avec évidence qu'il assainit la contrée; on prouve que, s'il n'est pas exécuté, le pays est menacé périodiquement d'épidémies.

Le projet nuit au commerce? On démontre qu'il enrichit les riverains; qu'il ouvre au commerce de Nantes des voies nouvelles; qu'il rétablit une navigation souvent suspendue, et conjure les ennuis des transactions actuelles.

Le projet annule un déversoir naturellement creusé par la nature aux inondations?

On prouve que le canal offrira justement les avantages d'un déversoir semblable, et lui sera préférable.

On a réponse à tout.

Qu'importe? dès qu'une enquête est ouverte, enquête à laquelle se soumet avec calme l'auteur du projet, on écrit des brochures; on tronque des textes; on court de village en village et l'on recueille la signature des gens au prix de subterfuges révoltants. Aux uns on dit que telle digue sera construite de façon à seconder les inondations et à les prolonger indéfiniment; aux autres on affirme que les propriétés seront prises de force pour faire place au lit du canal et cela sans indemnité ; à tous on montre le fléau épidémique secouant ses ailes sur la contrée.

On n'oublie qu'une chose, c'est qu'à défaut de l'auteur du projet, trop généreux pour le faire, l'autorité impartiale peut s'inquiéter de tout ce bruit autour d'une chose utile et instinctivement appuyée d'avance par une lettre auguste qu'on n'accusera pas de vouloir condamner les populations à la mort; c'est que l'autorité enfin peut remonter aux véritables causes de l'opposition et aux moyens employés par elle; et que, dans ce cas, les populations éclairées pourraient bien faire aux opposants le parti qu'ils méritent et les punir d'une avidité qui n'a pas craint de se servir du mensonge et de l'épouvante pour arriver à ses fins.

L'épouvante et le mensonge n'ont que des effets passagers.

La vérité l'emporte toujours.

Auteur de la brochure anonyme, vous êtes ou un des adversaires intéressés du dessèchement ou un instrument de ces adversaires. Dans le premier cas, ne négligez pas un avertissement qui peut avoir son prix ; dans le second, ouvrez les yeux à l'évidence, et abandonnez une cause que vous ne pouvez défendre qu'en vous couvrant de ridicule.

Quelle que soit la puissance des intérêts privés qui s'opposent aujourd'hui au triomphe des intérêts généraux, ces derniers l'emporteront. Les destinées du pays sont dans des mains trop fermes pour qu'il en soit autrement. Il y a donc à la fois gloire et triomphe assurés à ceux qui marcheront en avant dans la voie du bien-être où l'Empereur a fait entrer la France.

Elle est rude et vous effraie peut-être cette conquête de la civilisation sur les éléments ! — Elle est telle qu'il nous faut en rêver maintenant.

La première nation du monde par l'épée, la nation française est en train de la devenir par le travail ; et, s'opposer aux transformations industrielles qui doivent amener ce résultat, c'est faire acte de mauvais citoyen.

Vous avez du talent et vous le mettez au service des intérêts privés. Vous ne trouverez auprès d'eux qu'ingratitude et mécomptes.

La mission de la plume habile est de seconder de nos jours le mouvement magnifique imprimé à la civilisation par la pensée qui préside aux destinées de l'Empire.

Ne vous rangez pas du côté de la routine intéressée contre le progrès généreux.

Vous parlez de sollicitude pour la santé publique. Ignorez-vous donc que les populations des pays marécageux ne peuvent devoir la leur qu'aux desséchements ; ignorez-vous donc que la santé leur sera pour toujours acquise quand elles auront doublé leurs revenus par leurs conquêtes sur le sol, et qu'elles seront à même, grâce à cela, de se nourrir abondamment et sainement, de se construire des habitations convenables, de ne plus connaître la misère ?

Si nous étions écrivain, nous voudrions remplir une autre mission que celle que vous avez acceptée. La Loire-Inférieure est dans l'enfantement de grandes choses. Ce sont ces grandes choses qu'une plume loyale doit préconiser.

C'est d'abord l'agriculture à développer dans son alliance avec l'industrie, à qui elle devra des communications faciles, des débouchés certains.

Ce sont des canaux à creuser, non pas seulement celui du Migron, mais celui de la Haute-Perche, qui reliera Pornic à Nantes ; mais celui de Machecoul, qui rattachera la baie de Bourgneuf à la Loire ; mais celui de la Boulogne, qui dotera de fourrage la lande de Bouaine, si vite et si admirablement transformée.

De l'exécution de tous ces travaux, et de bien d'autres encore que nous pourrions vous indiquer, dépend indirectement la prospérité du chef-lieu de la Loire-Inférieure, où il vous reste tant d'idées fécondes à servir encore.

Nantes est appelée à devenir le centre vers lequel aboutiront tôt ou tard d'universelles transactions ; il faut qu'elle se transforme comme ville ; il faut qu'elle se multiplie comme comptoir ; il faut que son port se creuse et se peuple de milliers de mâts. A vous, écrivain, le droit de le dire, d'en indiquer les moyens, d'en préciser la nécessité.

Mais écrire une brochure passionnée contre une œuvre qu'aucun homme compétent ne combat dans son principe et qui porte en elle la richesse pour vos concitoyens, c'est un funeste emploi de la plume.

Le desséchement de Grand-Lieu se fera du vœu des populations riveraines, détrompées chaque jour malgré vos efforts, et heureuses de donner leur concours au projet qui les enrichit ; il se fera du vœu de tous les ingénieurs dont pas un ne le déclare impossible ; il se fera du vœu du commerce qui lui devra beaucoup ; il se fera du vœu de la nature même qui se prononce de plus en plus en sa faveur. Or, quand la nature et les hommes se réunissent pour vouloir une chose ;

quand la pensée qui préside aux destinées de la nation devine instinctivement que cette chose doit se faire, c'est que Dieu lui-même veut qu'elle se fasse !

NANTES, IMP. MERSON.

www.ingramcontent.com/pod-product-compliance
Ingram Content Group UK Ltd.
Pitfield, Milton Keynes, MK11 3LW, UK
UKHW020207200726
13856UKWH00003B/1246